Hackfleisch

Hackfleisch

Leckere Rezepte mit
Gehacktem, Faschiertem
oder Haschee

KOMET

www.komet-verlag.de
Covermotiv: © Newedel, Karl/StockFood
Satz: twinbooks, München

Gesamtherstellung: KOMET Verlag GmbH, Köln
ISBN 978-3-86941-280-1

Inhalt

Kleine Speisen 6

Aufläufe und Gebackenes 30

Wild 50

Frikadellen 74

Gehackt gemischt 100

Pasta 118

Register 128

Kleine Speisen

Gefüllter Blätterteig

für 4 Portionen

- 2 kg Tomaten
- 2 Frühlingszwiebeln
- 1 Knoblauchzehe
- 10 Gewürznelken
- 10 g frisch gehackte Ingwerwurzel
- 1 El Pimentkörner
- 125 g Zucker, Salz
- 200 ml Malzessig
- 1 Zwiebel, 1 Zucchini
- 1 Kartoffel
- 50 g Kürbisfleisch
- 100 g grüne Bohnen
- 100 g Rinderhackfleisch
- Pfeffer
- 12 Blätterteigstücke (TK)
- 1 Eigelb
- Fett für die Bleche

Die Tomaten waschen, von den Stielansätzen befreien und hacken. Die Frühlingszwiebeln putzen, waschen und in Ringe schneiden. Den Knoblauch schälen und hacken. Die Tomaten mit Zwiebeln, Knoblauch, Gewürzen, Zucker, Salz und Malzessig in einen Topf geben und abgedeckt etwa 1 Stunde 30 Minuten zu einer dicken Sauce einköcheln. Abkühlen lassen, durch ein Sieb streichen und etwa 300 ml Sauce beiseite stellen.

Den Backofen auf 200 °C (Umluft 180 °C) vorheizen. Die Zwiebel schälen, die Zucchini putzen und waschen und die Kartoffeln schälen. Das Gemüse in Würfel schneiden. Die grünen Bohnen putzen, waschen und klein schneiden. Das gesamte Gemüse mit dem Hackfleisch mischen und würzen.

Den Blätterteig auftauen, ausrollen und Kreise von 7 cm Durchmesser ausstechen. In jeden Teigkreis 1 El Füllung geben und zusammenklappen. Die Ränder gut zusammendrücken.

Zwei Backbleche einfetten und die Blätterteigstücke darauf setzen. Mit verquirltem Eigelb bestreichen und im Ofen etwa 15 Minuten backen. Die Teigtaschen mit der frischen Tomatensauce servieren.

Zubereitungszeit. ca. 40 Minuten (plus Gar- und Backzeit)
Pro Portion ca. 472 kcal/1982 kJ • 14 g E • 15 g F • 65 g KH

Fleischpasteten vom Lamm

für 4 Portionen

500 g Mehl
170 g Butter
Salz
200 g Zwiebeln
250 g Lammhackfleisch
40 g gemahlene Pinienkerne
Pfeffer
500 g Joghurt
4 Knoblauchzehen
½ Tl gemahlener Koriander
1 El Öl
Mehl für die Arbeitsfläche
gehackte Petersilie zum Garnieren

Für den Teig das Mehl mit 100 ml Wasser, der Butter in Flöckchen und ½ Tl Salz zu einem glatten Teig verkneten. Den Teig auf einer bemehlten Arbeitsfläche 3 mm dick ausrollen und Teigkreise von 6 cm Durchmesser ausstechen.

Für die Füllung die Zwiebeln schälen und reiben. Mit dem Hackfleisch und den Pinienkernen mischen und mit Salz und Pfeffer würzen. Den Backofen auf 180 °C (Umluft 160 °C) vorheizen. Auf jeden Teigkreis einen knappen Tl Füllung setzen und den Kreis zu einer Tasche zusammenklappen. Die Ränder mit einer Gabel andrücken. Die Pasteten auf ein mit Wasser befeuchtetes Backblech setzen und im Ofen etwa 20 Minuten backen.

Für die Sauce den Joghurt verrühren und in eine feuerfeste Form geben. Die Pasteten hineinlegen und im Ofen weitere 20 Minuten backen.

Die Knoblauchzehe schälen und hacken. Mit dem Koriander im heißen Öl 5 Minuten unter Rühren rösten und den Joghurt nach dem Backen damit bestreuen. Mit Petersilie garnieren.

Zubereitungszeit: ca. 45 Minuten (plus Backzeit)
Pro Portion ca. 1000 kcal/4200 kJ · 38 g E · 50 g F · 98 g KH

Türkische Pizza

für ca. 15 Stück

500–750 g Mehl
21 g Hefe
½ Tl Zucker
Salz
100 ml Milch
80 ml Olivenöl
1 Zwiebel
2 Knoblauchzehen
½ rote Chilischote
½ Bund Petersilie
100 g Tomatenmark
250 g Rinderhack
Pfeffer
Mehl für die Arbeitsfläche

Für den Teig das Mehl mit der Hefe, dem Zucker, ½ Tl Salz, 200 ml Wasser und der lauwarmen Milch vermischen. Zuerst 500 g Mehl verwenden, nach und nach mehr Mehl dazugeben, bis der Teig nicht mehr klebt. Zuletzt 40 ml Öl unterkneten. Den Teig abgedeckt etwa 1 Stunde bei Zimmertemperatur gehen lassen.

Die Zwiebel und Knoblauchzehen schälen und beides fein hacken. Die Chilischote entkernen und in dünne Ringe schneiden. Die Petersilie waschen, trockenschütteln und hacken. 2 El Öl in einer Pfanne erhitzen, die Zwiebel darin glasig schmoren. Die restlichen Zutaten zugeben, das Hackfleisch krümelig braten und die Mischung mit Salz und Pfeffer würzen. Das restliche Öl unterrühren.

Den Backofen auf 240 °C (Umluft 220 °C) vorheizen. Den Teig in 15 Stücke teilen und jedes Stück zu einem dünnen Fladen von 20 cm Durchmessern ausrollen. Die Füllung auf die Teigfladen verteilen. Diese auf Backbleche setzen und im Ofen etwa 5 Minuten backen. Dazu schmeckt Krautsalat.

Zubereitungszeit: ca. 35 Minuten
(plus Geh-, Brat-, und Backzeit)
Pro Stück ca. 187 kcal/783 kJ · 8 g E · 6 g F · 26 g KH

Köfte (Lammröllchen)

für 4 Portionen

- 25 g Reis
- Salz
- 2 Zwiebeln
- 250 g Lammfleisch aus der Keule
- 25 g Butter
- 50 ml Lammbrühe
- 1 Tl Pfeffer
- ½ Tl Paprikapulver
- 1 Ei
- 250 ml Olivenöl
- ½ Tl Zimt

Den Reis waschen und abtropfen lassen. 250 ml Wasser mit 1 Tl Salz zum Kochen bringen, den Reis hineingeben, den Topf vom Herd nehmen und den Reis 5 Minuten quellen lassen.

Die Zwiebeln schälen und fein hacken. Das Lammfleisch waschen, trocken tupfen und mit einem Messer fein hacken.

Die Butter in einer Pfanne schmelzen und die Zwiebeln darin glasig schmoren. Den Reis abgießen und zu den Zwiebeln geben. Unter Rühren 2 Minuten braten, dann die Brühe und ¼ Tl Salz zugeben, aufkochen und 5 Minuten abgedeckt köcheln. Wenn die Flüssigkeit verkocht ist, vom Herd nehmen und abkühlen lassen.

Die Hälfte des gehackten Fleischs in einer Pfanne ohne Fett braten, bis der Fleischsaft verkocht ist. Mit dem restlichen Fleisch, Reis und Zwiebeln mischen und mit Salz, Pfeffer und Paprikapulver würzen. 1 Ei untermischen und die Masse zu einem glatten Teig verarbeiten. Den Teig in 12 Portionen teilen und daraus kleine Röllchen formen.

Das Öl in einer Pfanne erhitzen und die Köfte darin von jeder Seite etwa 2 Minuten braten. Aus der Pfanne in einen Topf legen und 5 Minuten ziehen lassen. Mit Zimt bestreuen und mit Salat, Reis und Tomatensauce servieren.

Zubereitungszeit: ca. 15 Minuten (plus Garzeit)
Pro Portion ca. 425 kcal/1785 kJ · 22 g E · 35 g F · 7 g KH

Fleischbällchen im Auberginenmantel

für 4 Portionen

2 Auberginen
Salz, Pfeffer
6 El Olivenöl
1 Zwiebel
1 Knoblauchzehe
250 g Rinderhackfleisch
50 g Schafskäse
1 Tl frisch gehackter Thymian
edelsüßes Paprikapulver
450 g Tomaten aus der Dose
200 g frisch geriebener Emmentaler

Die Auberginen putzen, waschen und längs in Scheiben schneiden. Mit Salz und Pfeffer würzen. Das Öl in einer Pfanne erhitzen und die Auberginenscheiben darin von beiden Seiten etwa 3 Minuten braten. Auf Küchenpapier abtropfen lassen.

Den Backofen auf 200 °C (Umluft 180 °C) vor heizen. Die Zwiebel und Knoblauchzehe schälen und fein hacken. Das Rindfleisch in einer Schüssel mit Zwiebel, Knoblauch, zerbröckeltem Schafskäse und Thymian mischen und mit Salz, Pfeffer und Paprikapulver abschmecken.

Aus der Hackfleischmasse kleine Bällchen formen, in jeweils eine Auberginenscheibe wickeln und mit Holzstäbchen feststecken.

Die Dosentomaten in eine feuerfeste Form geben, würzen und die um wickelten Fleischbällchen hineinlegen. Mit Emmentaler bestreuen und im Ofen etwa 20 bis 25 Minuten backen.

Zubereitungszeit: ca. 30 Minuten
Pro Portion ca. 455 kcal/1911 kJ · 32 g E · 34 g F · 7 g KH

Adana Kebab (Lamm)

für 4 Portionen

- 2 Zwiebeln
- 1 Knoblauchzehe
- 1 El Paprikapaste (aci biber)
- 500 g Lammhackfleisch
- Salz, Pfeffer
- 1 Tl Rosenpaprika
- 1 Tl Kreuzkümmel
- 8 Tomaten
- je 2 grüne und rote Pfefferschoten

Die Zwiebel und die Knoblauchzehe schälen und fein hacken. Beides mit der Paprikapaste und dem Lammhack gut vermischen. Mit Salz, Pfeffer, Paprikapulver und Kreuzkümmel abschmecken. Den Fleischteig 2 Stunden im Kühlschrank durchziehen lassen.

Den Backofen auf 240 °C (Umluft 220 °C) vorheizen.

Den Hackfleischteig um 4 lange, flache Spieße legen und festdrücken. Mit angefeuchteten Fingern Wellen in das Fleisch formen. Die Spieße im Backofen 8 Minuten backen, dabei den Grill zuschalten. Das Gemüse waschen, trockentupfen und ebenfalls grillen. Mit Fladenbrot anrichten.

Zubereitungszeit: ca. 20 Minuten (plus Ruhe- und Grillzeit)
Pro Portion ca. 263 kcal/1103 kJ · 40 g E · 6 g F · 11 g KH

Lammröllchen mit Kardamom

für 4 Portionen

7 schwarze Kardamomkapseln
1½Tl gemahlener Fenchel
1 Tl gemahlener Ingwer
1 Tl Chilipulver
600 g Lammhackfleisch, sehr fein gehackt
1 Ei, 6 El Öl
Salz
3 Zwiebeln
2 Knoblauchzehen
6 grüne Chilischoten
2 Zimtblätter, 1 Zimtstange
8 Pfefferkörner, 5 Nelken
3 Tomaten
½ Tl Kurkuma
1 Tl Korianderpulver
1 Tl Garam masala
500 ml Lammfond
3 El Joghurt

6 Kardamomsamen aus den Kapseln lösen und zerstoßen. Mit Fenchel und Ingwer, Chilipulver, Lammhack, Ei und 1 El Öl zu einem glatten Teig verarbeiten. Mit Salz abschmecken. Etwa 20 Teigröllchen formen. Kühl stellen. Zwiebeln und Knoblauch schälen, die Chilischoten putzen, entkernen und in dünne Ringe schneiden. Das restliche Öl in einem großen Topf erhitzen und Zimtblätter, -stange und restliche Kardamomkapseln darin anschmoren. Wenn die Blätter Farbe annehmen, Pfefferkörner und Nelken mitschmoren. Dann die Zwiebeln darin anbräunen.

Die Hackröllchen mit Knoblauch und Chilis in den Topf legen und bei niedriger Temperatur etwa 20 Minuten braten. Die Gewürze dürfen nicht am Topfboden haften, evtl. Wasser zugeben. Inzwischen die Tomaten vom Stielansatz befreien, häuten, entkernen und würfeln. Die restlichen Gewürze in den Topf rühren und weitere 5 Minuten schmoren. Die Tomatenwürfel mit etwas Wasser zugeben und 5 Minuten schmoren. Fond oder Brühe angießen, 15 Minuten köcheln, dann den glatt gerührten Joghurt einrühren. Abschmecken und servieren.

Zubereitungszeit:ca. 40 Minuten (plus Kochzeit)
Pro Portion ca. 547 kcal/2289 kJ · 30 g E · 45 g F · 5 g KH

Landpastete

für 4 Portionen

1–2 gehackte Zwiebeln
1–3 gehackte Knoblauchzehen
1 El Olivenöl extra vergine
100 g Geflügelleber
100 g gewürfelter durchwachsener Speck
75 g gewürfelter Kochschinken
125 g Schweinehackfleisch
125 g sehr fein gewürfeltes Kalbfleisch
je 2 El gehacktes Basilikum und gehackter Thymian
½ El frischer Rosmarin
½ El Pimentpulver
½ El Pastetengewürz
Salz, Pfeffer
½ Ei, 1 Eigelb
½ El gehackte Pinienkerne
20 ml Cognac
50 g hauchdünne Speckscheiben
Butter

Die Zwiebeln und den Knoblauch in Olivenöl hell anbraten, anschließend erkalten lassen. Die Leber putzen, waschen und sehr fein hacken.

Die Leber mit Speck, Schinken, Hackfleisch, Kalbfleisch, der Zwiebelmasse und allen Kräutern und Gewürzen gut vermengen. Das Ei mit dem Eigelb, den Pinienkernen und dem Cognac darunter mischen und abschmecken.

Den Backofen auf 175 °C (Umluft 155 °C) vorheizen. Eine Pastetenform mit Speckscheiben auskleiden, die Farce hineinfüllen und mit restlichen Speckscheiben abdecken. Ein Stück Alufolie in der Größe der Pastetenform mit Butter bestreichen. Mit der eingefetteten Seite auf die Pastete legen. Die Form in einen Bräter stellen und diesen bis zur Hälfte mit kochendem Wasser füllen. Die Pastete 90–100 Minuten im vorgeheizten Backofen garen.

Herausnehmen, abkühlen lassen und für 1 Tag kalt stellen. Aus der Form stürzen, in Scheiben schneiden und servieren.

Zubereitungszeit 50 Minuten (plus Garzeit, plus Kühlzeit)
Pro Portion ca. 335 kcal/1407 kJ · 30 g E · 21 g F · 4 g KH

Teigtaschen mit Lamm und Ei

für 4 Portionen

500 g Gehacktes vom Lamm
2 Zwiebeln
1 Bund Petersilie
Salz, Pfeffer
12 El Olivenöl extra vergine
4 EL frisch geriebener Parmesan
400 g Brikteig (Strudelteig), ersatzweise Blätterteig
8 Eigelbe, hart gekocht
2 Eiweiß

Das Hackfleisch in eine Schüssel geben. Die Zwiebeln schälen und fein würfeln. Die Petersilie waschen, trockenschütteln und fein hacken. Zwiebeln und Petersilie zu dem Hackfleisch geben, kräftig salzen und pfeffern und miteinander verkneten.

Die Fleischmasse in 2 Esslöffeln Öl braten, bis das Fleisch nicht mehr rosa ist. Vom Herd nehmen, den Parmesan darunter rühren und abkühlen lassen.

Den Teig ausbreiten und acht Quadrate mit etwa 15 cm Kantenlänge ausschneiden. Jeweils auf eine Ecke des Teigquadrates 1 gehäuften Esslöffel der Farce geben. Eine Vertiefung hineindrücken und je 1 Eigelb darauf setzen.

Den Teig darüber zum Dreieck falten und die Teigkanten mit Eiweiß bestreichen und gut andrücken. Das restliche Öl in einer Pfanne erhitzen und die Teigtaschen mit der Naht nach unten hineingeben. Von jeder Seite etwa 5 Minuten goldbraun backen. Abtropfen lassen und sofort heiß servieren.

Zubereitungszeit 20 Minuten (plus Brat- und Bckzeit)
Pro Portion ca. 935 kcal/3927 kJ · 52 g E · 68 g F · 31 g KH

Russische Piroggen

für 15 Stück

- 400 g Mehl
- 30 g Hefe
- 200 ml Milch
- 1 Tl Zucker
- 50 g Butter
- 1 Ei
- Salz
- Pfeffer
- 100 g Speck
- 1 Zwiebel
- 200 g Rinderhackfleisch
- 1 Eigelb

200 g Mehl in eine Schüssel geben, in die Mitte eine Mulde drücken. Hefe in etwas lauwarmer Milch auflösen und in die Mulde geben. Zucker zufügen und alles zu einem weichen Vorteig verrühren. Zugedeckt an einem warmen Ort ca. 20 Minuten gehen lassen.

Butter schmelzen und abgekühlt unter den Vorteig rühren. Restliches Mehl, Ei und Salz zufügen. Alles zu einem geschmeidigen Teig verkneten. Zugedeckt etwa 1 Stunde an einem warmen Ort gehen lassen.

Speck würfeln und in einer Pfanne auslassen. Zwiebel schälen und in Würfel schneiden. Zum Speck geben und mitschmoren, Hackfleisch hinzufügen und braten. Mit Salz und Pfeffer abschmecken. Backofen auf 180 °C (Umluft 160 °C) vorheizen.

Teig etwa 0,5 cm dick ausrollen. Runde Teigfladen (etwa 10 cm Ø) ausstechen. In die Mitte jedes Fladens etwas Füllung geben und den Teig halbkreisförmig zusammenklappen. Rand mit einer Gabel festdrücken. Eigelb mit wenig Wasser verquirlen und die Piroggen damit einpinseln. Im Ofen etwa 15 Minuten backen.

Zubereitungszeit: ca. 30 Minuten
(plus Ruhe-, Schmor- und Backzeit)
Pro Stück ca. 179 kcal/752 kJ · 8 g E · 7 g F · 21 g KH

Tatar

für 4 Portionen

4 Zwiebeln
4 El Kapern
4 Salzgurken
500 g frisch durchgedrehtes mageres Rinderhack
Salz, Pfeffer
1 Tl edelsüßes Paprikapulver
4 frische Eier
4 El frisch geschnittener Schnittlauch
Sesamöl
Sojasauce

Die Zwiebeln schälen und fein hacken. Kapern und Salzgurken ebenfalls hacken.

Pro Portion 125 g Rindertatar auf einen Teller geben und mit Salz, Pfeffer und Paprikapulver würzen.

Auf das Tatar ein rohes Ei schlagen. Je ein Viertel gehackte Zwiebeln, Kapern, Gurken und Schnittlauch am Rand des Tellers dekorativ platzieren. Öl und Sojasauce dazustellen. Jeder macht sich das Tatar nach seinem Geschmack an.

Zubereitungszeit: ca. 15 Minuten
Pro Portion ca. 398 kcal/1672 kJ · 34 g E · 26 g F · 7 g KH

Aufläufe und Gebackenes

Kap-malaiischer Bobotie

für 4 Portionen

1 Stück Ingwerwurzel, ca. 3 cm
1 El Curry
1–2 El brauner Zucker
Salz, Pfeffer
5 Zwiebeln
100 g Butter
125 g Rosinen
2 El Aprikosenmarmelade
2 El Weinessig
3–4 El Chutney
1–2 Tl Worcestersauce
1½ El Tomatenmark
300 g Hackfleisch
300 g Rindertatar
3 Scheiben Weißbrot
300 ml Milch
2 Eier
100 g geriebener Parmesan

Den Backofen auf 175 °C (Umluft 155 °C) vorheizen. Den Ingwer schälen und fein reiben. Mit Curry, Zucker, 2 Tl Salz und ½ Tl Pfeffer in einem heißen Topf unter Rühren vorsichtig bräunen.

Die Zwiebeln schälen und fein hacken. Mit der Butter zur Currymischung geben und darin glasig dünsten.

Die Rosinen mit Aprikosenmarmelade, Essig, Chutney, Worcestersauce und Tomatenmark in einer Schüssel mit dem Hackfleisch vermischen. Weißbrot in Milch tauchen und zum Hackfleisch geben.

Alles zu den Zutaten in den Topf geben und 30 Minuten köcheln lassen. Anschließend in eine Auflaufform geben. 250 ml Milch mit den Eiern verquirlen und über die Hackfleischmischung gießen.

Im vorgeheizten Backofen etwa 50–60 Minuten backen lassen. Vor dem Servieren mit Parmesan bestreuen.

Zubereitungszeit 25 Minuten (plus Gar- und Backzeit)
Pro Portion ca. 748 kcal/3140 kJ · 46 g E · 43 g F · 44 g KH

Lamm mit Kürbis

für 4 Portionen

- 1 Zwiebel
- 1 Knoblauchzehe
- 2 El Olivenöl
- 125 g Lammhackfleisch
- 50 g Reis
- 75 g Kichererbsen aus der Dose
- Salz, Pfeffer
- ½ Tl Zimt
- ¼ Tl Nelkenpulver
- 3 El frisch gehackte Petersilie
- 1 kleiner Kürbis (ca. 500 g)
- 2 El Zucker

Die Zwiebel und Knoblauchzehe schälen und hacken. Das Olivenöl in einer Pfanne erhitzen und die Zwiebeln darin glasig schmoren. Den Knoblauch und das Hackfleisch zugeben und krümelig braten. Den Reis untermischen. Die Kichererbsen abtropfen lassen und unterheben. Die Mischung mit Salz, Pfeffer, Zimt und Nelkenpulver abschmecken. Die Petersilie unterheben. 200 ml Fleischbrühe angießen und etwa 20 Minuten köcheln, bis der Reis gar ist.

Inzwischen den Kürbis waschen, schälen und vorsichtig die Kerne mit einem Löffel herauslösen. Kürbisfleisch in Spalten schneiden. In einem Topf mit kochendem Salzwasser 10 Minuten bissfest garen. Abgießen, in eine Auflaufform geben und mit Zucker bestreuen. 2 El Öl zugeben und im Ofen bei 180 °C (Umluft 160 °C) backen, bis der Zucker karamellisiert.

Geschmorten Kürbis mit der Hack-Reis-Mischung auf Tellern anrichten.

Zubereitungszeit: ca. 25 Minuten (plus Brat- und Garzeit)
Pro Portion ca. 180 kcal/756 kJ · 13 g E · 4 g F · 22 g KH

Gefüllte Zucchini

für 4 Portionen

1 altbackenes Brötchen
150 ml Milch
4 Zucchini
4 Frühlingszwiebeln
300 g Rinderhackfleisch
1 Ei
Salz
Pfeffer
1 Tl edelsüßes Paprikapulver
1 Tl getrocknete Minze
je 2 El frisch gehackte Petersilie und gehackter Dill

Das Brötchen 15 Minuten in der Milch einweichen. Den Backofen auf 175 °C (Umluft 150 °C) vorheizen.

Die Zucchini putzen, waschen, längs halbieren und das Fruchtfleisch bis auf 0,5 cm am Rand herausholen. Das Fruchtfleisch fein hacken. Die Frühlingszwiebeln putzen, waschen und in dünne Ringe schneiden. Das Hackfleisch mit den Frühlingszwiebeln, dem Zucchinifruchtfleisch, dem Ei und dem ausgedrückten Brötchen mischen. Mit Salz, Pfeffer, Paprikapulver und der Minze würzen.

Die ausgehöhlten Zucchini mit der Hackfleischmasse füllen und mit Petersilie und Dill bestreuen. Die Zucchini in eine feuerfeste Form setzen und im Ofen etwa 40 Minuten backen.

Mit Reis, gewürztem Joghurt und frischem Brot servieren.

Zubereitungszeit: ca. 25 Minuten (plus Backzeit)
Pro Portion ca. 275 kcal/1155 kJ · 22 g E · 14 g F · 14 g KH

Gefüllte Quitten

für 4 Portionen

- 2 Zwiebeln
- 3 Tomaten
- 2 rote Spitzpaprika
- 1 Möhre
- 1 Kartoffel
- 2 Knoblauchzehen
- 2 El Butterschmalz
- 250 g Lammhackfleisch
- Salz, Pfeffer
- ca. 300 ml Gemüsebrühe
- 4 Quitten
- 200 g Schafskäse

Die Zwiebeln schälen und hacken. Die Tomaten waschen, von den Stielansätzen befreien und fein würfeln. Die Paprikaschoten putzen, waschen, entkernen und würfeln. Die Möhre und Kartoffel schälen und reiben. Die Knoblauchzehen schälen und fein hacken.

Das Butterschmalz in einer Pfanne erhitzen und die Zwiebeln darin glasig schmoren. Das Fleisch zugeben und krümelig braten. Wenn der Fleischsaft verkocht ist, das restliche Gemüse und den Knoblauch zugeben und alles etwa 3 Minuten schmoren. Mit Salz und Pfeffer würzen. Brühe angießen und alles etwa 15 Minuten köcheln.

Inzwischen die Quitten heiß abwaschen, halbieren und das Kerngehäuse sowie etwas Fruchtfleisch entfernen. In kochendem Wasser etwa 5 Minuten vorgaren. Dann herausholen und abtropfen lassen. Den Backofen auf 220 °C (Umluft 200 °C) vorheizen.

Die Mischung in die ausgehöhlten Quitten geben und auf ein Backblech oder in eine Auflaufform setzen. Im Ofen etwa 40 Minuten backen. Den Schafskäse in 8 dünne Scheiben schneiden, nach 30 Minuten auf die Quitten legen und goldbraun überbacken.

Zubereitungszeit: ca. 25 Minuten
(plus Schmor- und Backzeit)
Pro Portion ca. 388 kcal/1628 kJ · 31 g E · 17 g F · 26 g KH

Börek mit Hackfleisch

für 4 Portionen

1 Zwiebel
1 rote Paprikaschote
2 Möhren
4 El Olivenöl
225 g Rinderhackfleisch
50 g frisch geriebener Käse
2 El Tomatenmark
Salz
Pfeffer
2 El frisch gehackte Petersilie
2 Eier
150 ml Milch
2 El Weißwein
6 Yufkateigblätter
Fett für die Form

Die Zwiebel schälen und hacken. Die Paprikaschote putzen, waschen, entkernen und fein würfeln. Die Möhren schälen und reiben. 3 El Olivenöl in einer Pfanne erhitzen und die Zwiebel darin glasig schmoren. Das Hackfleisch zugeben und krümelig braten. Paprikawürfel und geriebene Möhren hinzufügen und alles weitere 3 Minuten schmoren. Den Käse und das Tomatenmark unterrühren und mit Salz und Pfeffer abschmecken. Die Petersilie unterheben. Die Mischung vom Herd nehmen. Den Backofen auf 180 °C (Umluft 160 °C) vorheizen.

Eine feuerfeste Form (ca. 32 x 22 cm) einfetten. Die Eier mit der Milch, 2 El Weißwein und 100 ml Wasser sowie 1 El Öl verrühren. 1 Yufkablatt in die Form legen, die Teigränder über die Form hängen lassen. Den Teig mit etwas Eimilch bestreichen. 1 weiteres Blatt wellenförmig in die Form legen, mit Eimilch bestreichen. Ein drittes Blatt hineinlegen und mit Eimilch bestreichen. Darauf die Hackfleischfüllung geben und mit den restlichen bestrichenen Yufkablättern belegen, wie beschrieben.

Zuletzt die überstehenden Teigränder nach innen klappen, mit Eimilch bestreichen und im Ofen etwa 20 Minuten backen. Abkühlen lassen, dann in Stücke schneiden und servieren.

Zubereitungszeit: ca. 30 Minuten
(plus Schmor- und Backzeit)
Pro Portion ca. 396 kcal/1663 kJ · 23 g E · 19 g F · 33 g KH

Überbackene Polenta

für 4 Portionen

- Salz
- 300 g Maisgrieß
- 10 g getrocknete oder 50 g frische Steinpilze
- 1 Zwiebel
- 75 g Bauchspeck
- 2 Möhren
- 1 Stangensellerie
- 3 El Butter
- 150 g Bratwurst
- 200 g Rinderhack
- 2 El Olivenöl
- 400 g Tomaten
- 50 ml trockener Rotwein
- Pfeffer
- 100 g Fontina in dünnen Scheiben
- 50 g frisch geriebener Parmesan
- einige Basilikumblätter

1 l Wasser mit etwas Salz zum Kochen bringen und den Grieß nach und nach einrieseln lassen. Polenta bei geringer Temperatur etwa 20 Minuten quellen lassen. Auf ein mit Olivenöl bestrichenes Holzbrett streichen und abkühlen lassen. Inzwischen die getrockneten Steinpilze in heißem Wasser einweichen. Die Zwiebel schälen und hacken, den Bauchspeck würfeln. Möhren und Sellerie putzen, waschen und würfeln. 1 El Butter in einer Pfanne erhitzen und den Speck darin auslassen. Zwiebel zugeben und andünsten. Das Gemüse darunter mischen und 3 Minuten mitschmoren. Pilze abgießen, ausdrücken und klein schneiden. Die Bratwurst in Stücke schneiden. Hack und Bratwurst in die Pfanne geben und unter Rühren gut anbraten. Die Pilze unterheben. Tomaten häuten, entkernen und grob zerkleinern. Mit dem Wein in die Pfanne geben und alles gut durchmischen. Würzen und etwas einkochen lassen. Den Backofen auf 200 °C (Umluft 180 °C) vorheizen. Die abgekühlte Polenta in etwa 4–5 cm breite Streifen schneiden. Eine Auflaufform mit Butter einfetten und abwechselnd Polenta, Fleischmasse und Fontina hineingeben. Mit Polenta abschließen. Butterflöckchen darübergeben und mit Parmesan bestreuen. Im Ofen etwa 35 Minuten überbacken.

Zubereitungszeit 40 Minuten (plus Garzeit)
Pro Portion ca. 1067 kcal/4483 kJ · 37 g E · 73 g F · 63 g KH

Gefüllte Paprika

für 4 Portionen

- 4 lange grüne Paprikaschoten
- 1 Zwiebel
- 3 Knoblauchzehen
- 50 g Kapern
- 50 g grüne Oliven
- 1 rote Chilischote
- 350 g Rinderhackfleisch
- 1 El Olivenöl
- 75 g Rosinen
- 250 ml Tomatenpüree
- Salz
- Fett für die Form

Die Paprikaschoten waschen, den Deckel abschneiden und entkernen. Die Zwiebel und den Knoblauch schälen und fein hacken. Die Kapern abtropfen lassen und klein hacken. Die Oliven entsteinen. Die Chilischote waschen, halbieren und entkernen, anschließend klein würfeln.

Das Rinderhackfleisch in dem Olivenöl mit den Zwiebeln, Oliven, Kapern und Knoblauch unter ständigem Rühren anbraten, bis das Fleisch völlig gar ist. Die Rosinen mit der gewürfelten Chilischote und dem Tomatenpüree dazugeben, alles miteinander vermengen und mit Salz abschmecken. Offen einkochen, bis die Flüssigkeit fast verdampft ist. Zwischendurch umrühren.

Den Backofen auf 200 °C (Umluft 180 °C) vorheizen. Eine Auflaufform einfetten. Die Paprikaschoten mit der heißen Hackfleischmasse füllen und in die Auflaufform legen. Die Deckel auf die Schoten setzen. Etwa 100 ml Wasser in die Form gießen und die gefüllten Paprika im vorgeheizten Backofen etwa 1 Stunde garen lassen. Heiß oder lauwarm servieren.

Zubereitungszeit 20 Minuten (plus Garzeit)
Pro Portion ca. 463 kcal/1943 kJ · 24 g E · 26 g F · 33 g KH

Moussaka

für 4 Portionen

3 Auberginen
Salz, Pfeffer
je 1 Zwiebel
Knoblauchzehe
125 ml Olivenöl
400 g Lammhackfleisch
1 Dose gehackte Tomaten (400 g)
je 2 El Weißwein
Tomatenmark
½ Tl gemahlener Zimt
2 El frisch gehackte glatte Petersilie
2 Tl fein gehackte Minze
3 El Butter
20 g Mehl
300 ml Milch
75 g Bergkäse
Fett für die Form

Auberginen putzen und in 0,5 cm dicke Scheiben schneiden. Mit Salz bestreuen und etwa 1 Stunde ziehen lassen. Zwiebel und Knoblauch schälen und hacken. 2 El Öl in einer Pfanne erhitzen und beides darin andünsten. Hackfleisch hinzufügen und krümelig braten. Würzen.

Tomaten zum Hack geben und alles mit Wein, Tomatenmark, Zimt und den Kräutern abschmecken. Pfanne vom Herd nehmen.

Auberginen abtupfen und mit sehr viel Öl portionsweise von beiden Seiten braten. Den Backofen auf 220 °C (Umluft 200 °C) vorheizen. Eine Auflaufform einfetten und abwechselnd Auberginen und Hackfleischsauce hineinfüllen. Mit Auberginen abschließen. Aus Butter, Mehl und Milch eine Béchamelsauce zubereiten und abschmecken. Die Sauce über den Auflauf gießen, den Käse darüber streuen und die Moussaka im Ofen etwa 45 Minuten backen.

Zubereitungszeit ca. 20 Minuten
(plus Ruhe-, Schmor- und Backzeit)
Pro Portion ca. 570 kcal/2394 kJ · 41 g E · 39 g F · 15 g KH

Spargel-Pasteten mit Hackfleisch

für 4 Portionen

- 500 g weißer Spargel
- 8 Blätterteig-Pasteten (FP)
- 150 g Champignons
- 1 Frühlingszwiebel
- 150 g gemischtes Hackfleisch
- 1 El Öl
- Salz, Pfeffer
- 50 ml trockener Weißwein
- 50 ml Sahne
- 100 g frisch geriebener Parmesan

Die Pasteten aufbacken, den Spargel schälen und kleinschneiden. Pilze in Scheiben schneiden. Frühlingszwiebel putzen und in Ringe schneiden. Hackfleisch im heißen Öl anbraten. Gemüse dazugeben und mitschmoren. Mit Wein und Sahne ablöschen und würzen.

Mischung in die Pasteten füllen und mit dem Käse bestreuen. Im Backofen bei 200 °C (Umluft 180 °C) überbacken. Zuletzt die Deckel aufsetzen.

Zubereitungszeit: ca. 40 Minuten
(plus Back- und Schmorzeit)
Pro Portion ca. 360 kcal/1512 kJ · 23 g E · 26 g F · 8 g KH

Wild

Gefüllte Elchkeule

für 4 Portionen

1 kg Elchkeule ohne Knochen
Salz, Pfeffer
1 Tl getrockneter Thymian
1 Tl getrockneter Majoran
200 g Hackfleisch
200 ml Sahne
1 Ei
100 g Paniermehl
1 El gehackte Kapern
¼ Tl Zitronenpfeffer
4 El frisch gehackte Petersilie
3 El Butterschmalz
1 Bund Suppengemüse
500 ml Rotwein
250 ml Wildfond
1 Lorbeerblatt
5 Pfefferkörner
2 Gewürznelken
4 El Preiselbeermarmelade
2 El Himbeeressig

Das Fleisch waschen, trockentupfen und eine Tasche hineinschneiden. Mit Salz, Pfeffer und den Kräutern einreiben.

Das Hackfleisch mit 50 ml Sahne, dem Ei, Paniermehl und Kapern mischen, mit Salz und Zitronenpfeffer würzen, die Petersilie untermengen. Den Fleischteig in die Keule füllen und mit Küchengarn verschließen. Den Backofen auf 180 °C (Umluft 160 °C) vorheizen.

Das Butterschmalz in einem Bräter erhitzen und das Fleisch darin von allen Seiten anbraten. Das Suppengemüse putzen, waschen, klein schneiden und zum Fleisch geben. Kurz mitschmoren. Wein und Fond angießen und die Gewürze zugeben. Im Ofen zunächst abgedeckt etwa 1 Stunde, dann ohne Deckel weitere 20 Minuten schmoren.

Das Fleisch aus dem Bräter nehmen und warm stellen. Den Fond durch ein Sieb gießen und etwas einkochen. Restliche Sahne und Preiselbeermarmelade zugeben, mit Essig, Salz und Pfeffer abschmecken. Die Elchkeule in Scheiben schneiden und mit der Sauce servieren. Dazu gedämpftes Gemüse und Kartoffelgratin servieren.

Zubereitungszeit: ca. 30 Minuten (plus Brat- und Schmorzeit)
Pro Portion ca. 855 kcal/3591 kJ · 64 g E · 53 g F · 29 g KH

Hirsch-Chili

für 4 bis 6 Portionen

- 2 Zwiebeln
- 4 Knoblauchzehen
- 1–2 Stangensellerie
- 2 El Olivenöl
- 500 g Hirschhackfleisch (vom Metzger durch den Fleischwolf gedreht)
- 750 g Tomaten (Dose)
- 200 ml Wildfond
- 100 ml Rotwein
- 1 cl Cognac
- 2 El Tomatenmark
- 1 El gemahlener Kreuzkümmel
- 1 kleine getrocknete Chilischote
- ½ Tl gemahlener Piment
- 1 Tl Kakaopulver
- 750 g Kidneybohnen aus der Dose
- 3 El frisch gehackte Petersilie

Die Zwiebeln und die Knoblauchzehen schälen und hacken. Den Stangensellerie putzen, waschen und in Würfel schneiden. Das Öl in einem Schmortopf erhitzen und die Zwiebeln darin glasig dünsten, Knoblauch und Sellerie zugeben und alles weitere 8 Minuten dünsten.

Das Hirschhackfleisch in eine Pfanne geben und unter Rühren gut anbraten. Die Tomaten mit Saft, Wildfond, Wein und Cognac und die restlichen Gewürze sowie Kakaopulver hinzufügen und gut mischen. Das Chili etwa 1 Stunde 20 Minuten köcheln.

In der Zwischenzeit die Bohnen abtropfen lassen und nach der Garzeit zum Chili geben. Das Gericht weitere 20 Minuten köcheln, dann sofort servieren. Mit glatter Petersilie bestreuen und frisches Brot dazu reichen.

Zubereitungszeit ca. 30 Minuten (plus Schmor- und Garzeit)
Pro Portion ca. 455 kcal/1911 kJ · 70 g E · 5 g F · 50 g KH

Fleischbrühe mit Wildschweinklößen

für 4 Portionen

400 g Wildschweinfleisch
200 ml Sahne
2 Eiweiß
100 g zarte Haferflocken
Salz, Pfeffer
gemahlene Muskatnuss
Cayennepfeffer

1 l Gemüsebrühe
2 l Wildfond
1 Bund Koriander
75 g frische Pfifferlinge
2–3 Pfannkuchen
2 El abgeriebene Orangenschale

Das Wildschweinfleisch durch den Fleischwolf drehen, das Hack mit Sahne, Eiweiß und Haferflocken zu einem Teig verarbeiten und mit Salz, Pfeffer, Muskat und Cayennepfeffer abschmecken.

Die Gemüsebrühe aufkochen, aus dem Fleischteig kleine Klößchen abstechen und 15 Minuten in der Brühe garen lassen.

Den Wildfond erhitzen. Den Koriander waschen, trockenschütteln und hacken. Die Pfifferlinge putzen, waschen und klein schneiden. Die Pfannkuchen in dünne Streifen schneiden. Die Zutaten mit der dünn geschnittenen Orangenschale in den Wildfond geben und 5 Minuten köcheln.

Die Wildschweinklöße in die Suppe geben und servieren.

Zubereitungszeit: ca. 20 Minuten (plus Kochzeit)
Pro Portion ca. 488 kcal/2047 kJ · 31 g E · 26 g F · 31 g KH

Wildfrikadellen mit Speck

für 4 Portionen

2 altbackene Brötchen
150 ml Milch
2 Schalotten
1 Knoblauchzehe
2 Frühlingszwiebeln
400 g Wildhackfleisch
1 Ei
Salz, Pfeffer
1 Tl getrockneter Majoran
3 El Olivenöl
8 Scheiben Frühstücksspeck
½ Bund Frühlingszwiebeln

Die Brötchen würfeln und in der lauwarmen Milch einweichen. Die Schalotten und den Knoblauch schälen, die Schalotten hacken, den Knoblauch zerdrücken. Die Frühlingszwiebeln putzen, waschen und in dünne Ringe schneiden.

Die ausgedrückten Brötchen mit Schalotten, Knoblauch, Frühlingszwiebeln, Hackfleisch und Ei zu einem festen Teig verarbeiten und mit Salz, Pfeffer und Majoran abschmecken. Aus dem Teig mit angefeuchteten Händen etwa 8 Frikadellen formen und im heißen Öl von beiden Seiten etwa 3 Minuten braten. Herausnehmen und den Speck im Bratfett knusprig rösten.

Die Teller mit je 2 Wildfrikadellen belegen. Die Speckscheiben darüberlegen und mit Frühlingszwiebelringen bestreuen. Mit Johannisbeerchutney servieren.

Zubereitungszeit: ca. 20 Minuten (plus Bratzeit)
Pro Portion ca. 317 kcal/1331 kJ · 29 g E · 12 g F · 21 g KH

Wildschweinpastete

für 4 Portionen

- 750 g Wildschweinkeule ohne Knochen
- 250 g Kalbsleber
- 4 Wacholderbeeren
- 60 ml Gin
- 1 Brötchen vom Vortag
- 60 ml Milch
- 300 g Speck
- 200 g Zwiebeln
- Salz
- Pfeffer
- 1 Tl getrockneter Majoran

Die Wildschweinkeule und Kalbsleber waschen, trockentupfen, Sehnen und Fett entfernen. Beides in Würfel schneiden und mit den zerdrückten Wacholderbeeren und dem Gin mischen. 2 Stunden durchziehen lassen.

Das Brötchen würfeln und 10 Minuten in der erwärmten Milch einweichen. 100 g Speck würfeln, die Zwiebeln schälen und vierteln. Den Backofen auf 200 °C (Umluft 180 °C) vorheizen.

Anschließend Fleisch, Leber, Speck und Zwiebeln durch den Fleischwolf drehen und mit den ausgedrückten Brötchenwürfeln mischen. Mit Salz, Pfeffer und Majoran würzen und zu einem festen Teig verarbeiten.

Den restlichen Speck in Scheiben schneiden und mit zwei Dritteln davon eine Pasteten- oder Kastenform auskleiden. Den Fleischteig hineingeben und glatt streichen. Restliche Speckscheiben darüber verteilen. Mit Alufolie abdecken und im Ofen ca. 1 Stunde 15 Minuten backen. Die Pastete abkühlen lassen und in Scheiben schneiden. Dazu Sauce Cumberland reichen.

Zubereitungszeit: ca. 30 Minuten
(plus Marinier-, Back- und Kühlzeit)
Pro Portion ca. 483 kcal/2027 kJ · 64 g E · 16 g F · 11 g KH

Wildschweinklöße

für 4 Portionen

- 2 Scheiben Weißbrot
- 3 El Milch
- 300 g Wildschweinfleisch
- 100 g durchwachsener Speck
- 50 g Suppengemüse
- Salz, Pfeffer
- 1 El getrockneter Majoran
- 1,5 l Gemüsebrühe
- 4 große Mangoldblätter

Das Weißbrot entrinden und in der Milch einweichen. Das Fleisch waschen, trockentupfen und mit dem Speck in Würfel schneiden. Das Suppengemüse putzen, waschen und fein würfeln. Fleisch und Speck durch den Fleischwolf drehen und mit Suppengemüse, dem Weißbrot, Salz, Pfeffer und Majoran zu einem festen Teig verarbeiten.

Die Gemüsebrühe erhitzen. Aus dem Fleischteig Klöße formen und in der Gemüsebrühe etwa 20 Minuten ziehen lassen. Die Klöße aus dem Topf heben und abtropfen lassen.

Die Mangoldblätter waschen und in kochendem Salzwasser etwa 2 Minuten blanchieren. Herausnehmen und abtropfen lassen. Auf Tellern anrichten und mit je 2 Klößen belegen. Mit Preiselbeerkompott servieren.

Zubereitungszeit: ca. 30 Minuten
(plus Einweich- und Garzeit)
Pro Portion ca. 173 kcal/726 kJ · 21 g · 5 g F · 9 g KH

Wildhacktorte

für 4 Portionen

200 g Mehl
4 Eier
125 g Butter
Salz
200 g frische Pfifferlinge
2 Schalotten
4 El Olivenöl
250 g Wildhack
Pfeffer
1 Prise Cayennepfeffer
1 Tl getrockneter Thymian
250 g Crème fraîche
Fett für die Form

Aus dem Mehl, 1 Ei, der Butter, 2 El Wasser und 1 Prise Salz einen Mürbeteig bereiten und in Folie wickeln. 30 Minuten im Kühlschrank ruhen lassen.

Inzwischen die Pfifferlinge putzen, waschen und trocken tupfen. Die Schalotten schälen und hacken. Das Öl erhitzen und die Pilze mit den Zwiebeln darin andünsten. Das Hackfleisch zugeben und mitschmoren. Mit Salz, Pfeffer, Cayennepfeffer und Thymian würzen.

Den Backofen auf 180 °C (Umluft 160 °C) vorheizen. Den Teig ausrollen und eine gefettete Springform (26 cm Durchmesser) damit auslegen, einen Rand hochziehen. Die Pilz-Hack-Masse daraufgeben. Crème fraîche mit den restlichen Eiern, Salz und Pfeffer mischen und über das Hack geben. Im Ofen etwa 40 Minuten backen.

Zubereitungszeit: ca. 20 Minuten
(plus Ruhe-, Schmor- und Backzeit)
Pro Portion ca. 835 kcal/3507 kJ · 29 g E · 62 g F · 41 g KH

Wildklößchensuppe mit Brennnesseln

für 4 Portionen

500 g Wildknochen
2 l Fleischbrühe
1 Bund Suppengrün
1 Zwiebel
2 Lorbeerblätter, 2 Nelken
je 5 Pfeffer- und Pimentkörner
5 Wacholderbeeren
Salz, Pfeffer
Muskatnuss
4 cl Portwein
400 g gemischtes Wildfleisch
2 Eiweiß
3 El Paniermehl
1 Prise Cayennepfeffer
1 El Speisestärke
200 g Brennnesselblätter

Die Knochen waschen, größere Knochen hacken und mit der Fleischbrühe in einen Topf geben. Das Suppengrün putzen, waschen, würfeln und zugeben. Die Zwiebel schälen, achteln und mit den Lorbeerblättern, Gewürzkörnern, Salz, Pfeffer und Muskatnuss in die Brühe geben. Bei geringer Temperatur etwa 2 Stunden köcheln.

Die Knochen aus der Suppe holen, die Suppe passieren, aufkochen und mit dem Portwein abschmecken.

Das Wildfleisch waschen, trocken reiben und durch den Fleischwolf drehen. Das Wildhack mit 150 ml Sahne, den Eiweiß und dem Paniermehl mischen, mit Salz, Pfeffer, Muskat und Cayennepfeffer würzen. Aus dem Teig walnussgroße Klöße formen und in der heißen Suppe ziehen lassen.

Die Speisestärke in etwas Wasser anrühren und die Suppe damit andicken. Die Brennnesselblätter waschen, trocken tupfen und in Streifen schneiden. In die Suppe geben und abschmecken. Sofort servieren.

Zubereitungszeit: ca. 40 Minuten (plus Kochzeit)
Pro Portion ca. 216 kcal/910 kJ · 28 g E · 3 g F · 15 g KH

Scharfer Bohneneintopf mit Hirschfleisch

für 4 Portionen

2 Zwiebeln
4 Knoblauchzehen
1–2 Stangensellerie
Öl
500 g Hirschfleisch
750 g Tomaten (Dose)
200 ml Wildfond
100 ml Rotwein
1 cl Cognac
2 El Tomatenmark
1 El gemahlener Kreuzkümmel
1 kleine getrocknete Chilischote
½ Tl gemahlener Piment
1 Tl Kakaopulver
750 g Kidneybohnen aus der Dose
3 El frisch gehackte glatte Petersilie

Zwiebeln und Knoblauchzehen schälen und hacken. Den Stangensellerie putzen, waschen und in Würfel schneiden. Das Öl in einem Schmortopf erhitzen und die Zwiebeln darin glasig schmoren, Knoblauch und Sellerie zugeben und alles weitere 8 Minuten schmoren.

Das Hirschfleisch waschen, trockentupfen und durch den Fleischwolf drehen. Das Hack in den Topf geben und unter Rühren gut anbraten. Die Tomaten mit Saft, Wildfond, Wein, Cognac, Tomatenmark und den restlichen Gewürzen sowie das Kakaopulver hinzufügen und gut mischen. Den Eintopf etwa 1 Stunde 20 Minuten köcheln.

In der Zwischenzeit die Bohnen abtropfen lassen und nach der Garzeit zum Eintopf geben. Das Gericht weitere 20 Minuten köcheln, dann sofort servieren. Mit glatter Petersilie bestreuen und frisches Brot dazu reichen.

Zubereitungszeit: ca. 30 Minuten (plus Schmor- und Garzeit)
Pro Portion ca. 241 kcal/1018 kJ · 27 g E · 48 g F · 17 g KH

Ravioli mit Wildfleischfüllung

für 4 Portionen

- 450 g Wildfleisch
- 2 Schalotten
- 1 Knoblauchzehe
- 2 El Butter
- Salz, Pfeffer
- 50 ml Portwein
- 150 g Mehl
- 1 Ei
- 4 Eigelb
- Salz
- 150 g Crème fraîche
- Mehl für die Arbeitsfläche
- 1 Eiweiß

Das Fleisch waschen, trockentupfen und in Würfel schneiden. Die Schalotten und die Knoblauchzehe schälen und hacken. Die Butter in einer Pfanne erhitzen und Fleischwürfel, Schalotten und Knoblauch darin anbraten. Mit Salz und Pfeffer würzen, den Portwein angießen und alles einkochen lassen, bis die Flüssigkeit verkocht ist. Über Nacht abkühlen lassen.

Für die Ravioli aus Mehl, Ei, Eigelb und Salz einen glatten Teig herstellen und in Frischhaltefolie gewickelt etwa 1 Stunde kühl stellen. Die Fleischmasse durch den Fleischwolf drehen, 2 Eigelb und zuletzt Crème fraîche unterheben, sodass die Masse nicht mehr an der Schüssel klebt.

Den Ravioliteig auf einer bemehlten Arbeitsfläche dünn ausrollen oder durch die Nudelmaschine laufen lassen. In etwa 10 cm breite Bahnen schneiden und in gleichmäßigen Abständen die Füllung darauf geben. Die Zwischenräume mit Eiweiß bestreichen. Eine Teigbahn darüberlegen, den Teig jeweils zwischen der Füllung andrücken. Mit einem Teigrädchen Ravioli ausschneiden, die Ränder mit der Gabel festdrücken. Die Ravioli in leicht kochendem Salzwasser garen. Mit zerlassener Butter oder Tomatensauce servieren.

Zubereitungszeit: ca. 30 Minuten (plus Kühl- und Kochzeit)
Pro Portion ca. 523 kcal/2194 kJ · 34 g E · 28 g F · 30 g KH

Wildhackfleisch in Blätterteig

für 4 Portionen

- 1 Packung frischer Blätterteig
- 1 Zwiebel
- 400 g Wildfleisch (Reh-, Dam- oder Rotwild)
- 3 El Öl
- Salz
- Pfeffer
- Cayennepfeffer
- 1 Tl getrockneter Thymian
- ½ El frisch gehackte Rosmarinnadeln
- 2 cl Wacholder
- 1 Eigelb

Aus dem Blätterteig 8 Stücke schneiden. Die Zwiebel schälen und hacken. Das Wildfleisch waschen, trocken tupfen, von Haut und Sehnen befreien und durch den Fleischwolf drehen.

Den Backofen auf 220 °C (Umluft 200 °C) vorheizen.

Das Öl in einer Pfanne erhitzen und die Zwiebel darin glasig dünsten. Das Wildhackfleisch zugeben und mitschmoren. Mit Salz, Pfeffer, Cayennepfeffer und Kräutern würzen.

Die Wildfüllung auf 4 Blätterteigstücke verteilen. Die Ränder mit Wasser bestreichen und die verbliebenen 4 Blätterteigstücke darauf legen und gut festdrücken. Mit verquirltem Eigelb bestreichen und im Ofen etwa 20 Minuten backen. Dazu Schmorgemüse oder einen frischen Salat reichen.

Zubereitungszeit: ca. 20 Minuten
(plus Schmor- und Backzeit)
Pro Portion ca. 192 kcal/804 kJ · 2 g E · 15 g F · 9 g KH

Frikadellen

Hamburger

für 4 Portionen

600 g Rinderhack
50 g Haferflocken
2 El Ketchup
2 El Milch
1 El Dijonsenf
1 Ei
Rauchsalz, Pfeffer
½ Tl getrockneter Oregano
2 El Öl
1 Zwiebel
4 Hamburger-Brötchen
2 El Butter

Das Rinderhack mit Haferflocken, Ketchup, Milch, Senf und Ei zu einem Teig vermengen und gut durchkneten. Mit Salz, Pfeffer und Oregano würzen.

Aus dem Teig vier gleich große Fleischklopse formen. Das Öl in einer Pfanne erhitzen und die Klopse darin von beiden Seiten gut anbraten, dann bei geringerer Temperatur etwa 7 Minuten garen.

Die Zwiebel schälen und in Ringe schneiden. Kurz vor Ende der Garzeit auf die Burger legen und kurz mitgaren.

Die Brötchen halbieren und mit Butter bestreichen. Dann unter dem Grill rösten. Je Brötchen einen Fleischburger hineinlegen, mit Zwiebelringen belegen und mit Ketchup servieren. Nach Belieben mit Tomatenscheiben und Salatblättern dekorieren.

Zubereitungszeit 15 Minuten (plus Bratzeit)
Pro Portion ca. 533 kcal/2237 kJ · 37 g E · 28 g F · 34 g KH

Hackbällchen in Zitronen-Weinsauce

für 4 Portionen

2 Scheiben Weißbrot
200 ml Milch
600 g Rinderhackfleisch
2 Eier
½ Tl gemahlener Piment
Salz, Pfeffer
3 Eigelb
Saft von 1 großen Zitrone
150 ml Gemüsebrühe
100 ml Weißwein
2 El frisch gehackte Petersilie

Das Weißbrot entrinden und in einer flachen Schüssel mit der Milch übergießen und 10 Minuten einweichen. Dann das Brot ausdrücken und in einer Schüssel zerkrümeln. Das Hackfleisch mit den Eiern, dem Piment, Salz und Pfeffer zugeben und alles zu einem glatten Teig verarbeiten.

In einem Topf leicht gesalzenes Wasser zum Kochen bringen. Mit angefeuchteten Händen aus der Hackfleischmasse walnussgroße Bällchen formen und im heißen Wasser etwa 20 Minuten köcheln. Dann herausnehmen und abtropfen lassen.

Für die Sauce die Eigelbe cremig schlagen. Den Zitronensaft mit der Brühe und dem Wein gut verrühren und mit Salz und Pfeffer würzen. Die Eicreme zugeben und alles im heißen Wasserbad sämig werden lassen.

Die Sauce in eine Pfanne geben, die Hackfleischbällchen darin erwärmen. Mit Reis servieren. Mit Petersilie garnieren.

Zubereitungszeit: ca. 20 Minuten
(plus Einweich- und Kochzeit)
Pro Portion ca. 550 kcal/2310 kJ · 38 g E · 36 g F · 14 g KH

Frauenschenkel-Köfte vom Lamm

für 4 bis 6 Portionen

2 Zwiebeln
3 El Butterschmalz
1 Knoblauchzehe
250 g Lammhackfleisch
25 g gehackte Pinienkerne
Salz
Pfeffer
¼ Tl getrockneter Thymian
¼ Tl Zimt
½ Tl Paprikapulver
3 El frisch gehackte Petersilie
150 g Bulgur
1 El gemahlener Koriander
150 ml Gemüsebrühe
Mehl nach Bedarf
250 ml Olivenöl zum Frittieren

Für die Füllung die Zwiebeln schälen und fein hacken. Das Butterschmalz in einer Pfanne erhitzen und die Zwiebeln darin glasig schmoren. Den Knoblauch und 125 g Hackfleisch zugeben und unter Rühren etwa 6 Minuten krümelig braten. Die Nüsse zugeben, die Masse mit Salz, Pfeffer, Thymian, Zimt und ¼ Tl Paprikapulver würzen. Petersilie unterheben und die Masse abkühlen lassen.

Den Bulgur mit ½ Tl Salz, Koriander, Paprikapulver im Mixer fein mahlen. Nach und nach so viel Gemüsebrühe zugeben, dass daraus ein glatter Teig wird. Das restliche Hackfleisch zugeben und mit dem Bulgur zu einer Paste verkneten. Nach Bedarf etwas Mehl zugeben.

Aus der Paste mit angefeuchteten Händen eigroße Bällchen formen, die Bällchen flach drücken, etwas Füllung hineingeben, verschließen und zu Röllchen formen. Das Olivenöl in einem großen Topf erhitzen. Die Köfte darin portionsweise etwa 4 Minuten frittieren. Auf Küchenpapier abtropfen lassen. Kalt oder warm servieren. Dazu schmeckt Karottensalat.

Zubereitungszeit: ca. 30 Minuten
(plus Schmor- und Frittierzeit)
Pro Portion ca. 353 kcal/1483 kJ · 16 g E · 24 g F · 20 g KH

Fleischlaibchen

für 4 Portionen

1 Brötchen vom Vortag
1 Zwiebel
2–3 Knoblauchzehen
750 g gemischtes Hackfleisch
1–2 Eier
edelsüßes Paprikapulver
1 Tl Majoran
½ Tl Rosmarin
2 El frisch gehackte Petersilie
Pfeffer
Salz
50 g Paniermehl
etwas Mehl
100 ml Öl zum Braten

Das Brötchen in warmem Wasser einweichen. Die Zwiebel und den Knoblauch schälen und fein hacken.

Das Hackfleisch mit dem Ei, der Zwiebel, dem Knoblauch und dem ausgedrückten Brötchen in einer Schüssel mischen. Mit den Kräutern und den Gewürzen pikant abschmecken. Aus der Masse einen Teig kneten und etwa 20 Minuten kalt stellen.

Den Fleischteig nochmals durchkneten und flache Klopse (Laibchen) formen. Das Paniermehl mit dem Mehl mischen und die Laibchen darin wenden. Das Öl in einer Pfanne erhitzen und die Laibchen darin knusprig braten.

Die Laibchen auf Küchenpapier abtropfen lassen und mit Kartoffelpüree servieren.

Zubereitungszeit: ca. 20 Minuten
(plus Einweich-, Kühl- und Bratzeit)
Pro Portion ca. 692 kcal/2906 kJ · 42 g E · 49 g F · 21 g KH

Fleischküchle mit Kartoffelsalat

für 4 Portionen

1 altbackenes Brötchen
1–2 Zwiebeln
500 g gemischtes Hackfleisch
1–2 Eier
Salz, Pfeffer
1 Tl Paprikapulver
2 El frisch gehackte Petersilie

2 El Butterschmalz
750 g Kartoffeln
3 Frühlingszwiebeln
150 ml Gemüsebrühe
3 El Weißweinessig
3 El Sonnenblumenöl
Salz, Pfeffer
2 El frisch gehackter Schnittlauch

Das Brötchen in warmem Wasser einweichen. Die Zwiebeln schälen und fein hacken. Das Hackfleisch mit dem ausgedrückten Brötchen, Zwiebeln, Eiern, Salz, Pfeffer, Paprika und Petersilie zu einem glatten Fleischteig vermengen.

Das Butterschmalz erhitzen. Aus dem Fleischteig kleine Küchlein formen und im heißen Fett von beiden Seiten etwa 8 Minuten goldbraun braten.

Für den Kartoffelsalat die Kartoffeln waschen und in leicht gesalzenem Wasser etwa 25 Minuten garen, dann abgießen, schälen und in dünne Scheiben schneiden. In eine Schüssel geben und abkühlen lassen.

Frühlingszwiebeln putzen, waschen und in dünne Ringe schneiden. Mit Brühe, Essig und Öl zu den Kartoffeln geben und mit Salz und Pfeffer abschmecken. Schnittlauch unterheben und den Kartoffelsalat 30 Minuten ziehen lassen. Fleischküchlein zum Kartoffelsalat servieren.

Zubereitungszeit: ca. 30 Minuten
(plus Gar-, Ruhe- und Bratzeit)
Pro Portion ca. 305 kcal/1281 kJ · 9 g E · 11 g F · 38 g KH

Königsberger Klopse

für 4 Portionen

- 1 altbackenes Brötchen
- 2 Eier
- Salz, Pfeffer
- 1 Msp. Zimt
- 1 Tl abgeriebene Schale von 1 unbehandelten Zitrone
- 2 Zwiebeln
- 8 El Butter
- 300 g Kalbshack
- 200 g Rinderhack
- 2 Sardellen
- 6 El Mehl
- 500 ml Milch
- 125 ml Sahne
- 2 El Kapern
- Zitronensaft

Das Brötchen 10 Minuten in Wasser einweichen, dann gut ausdrücken und mit den Eiern und den Gewürzen mit dem Mixer verrühren. Stehen lassen. Die Zwiebeln schälen und hacken. 2 El Butter erhitzen und die Zwiebeln darin glasig schmoren.

Die Hackfleischsorten mit den Zwiebeln und der Brötchenmasse vermischen. Die Sardellen abspülen, trockentupfen, fein hacken und unterheben. Aus dem Teig 12 kleine Bällchen formen.

Für die Kapernsauce aus restlicher Butter, Mehl und Milch eine Sauce Béchamel zubereiten, die Sahne und die gehackten Kapern zugeben und mit Salz, Pfeffer und Zitronensaft abschmecken. Die Sauce aufkochen und die Fleischbällchen hineingeben, sodass sie bedeckt sind. Bei geringer Temperatur etwa 15 Minuten ziehen lassen. Dazu Salzkartoffeln reichen.

Zubereitungszeit: ca. 20 Minuten
(plus Einweich- und Garzeit)
Pro Portion ca. 627 kcal/2633 kJ · 36 g E · 41 g F · 27 g KH

Fleischbällchen im Sesammantel

für 4 Portionen

- 500 g Schweinehack
- 2 El Maisstärke
- Salz
- Pfeffer
- 2 El frisch gehackter Koriander
- 2 El Sojasauce
- 250 ml Erdnussöl
- 90 g Sesamsamen
- 225 g Zucker

Das Schweinehack mit 100 ml Wasser und der Maisstärke verrühren, sodass eine glatte Masse entsteht. Mit Salz und Pfeffer würzen, dann den Koriander und die Sojasauce unterrühren.

Das Erdnussöl in einem Wok oder einer gusseisernen Pfanne sehr heiß werden lassen. Aus dem Fleischteig walnussgroße Bällchen formen und im heißen Öl etwa 3 Minuten frittieren, bis sie goldbraun sind. Dann herausnehmen und auf Küchenpapier abtropfen lassen.

Den Sesam auf einen flachen Teller geben. Den Zucker in einer zweiten Pfanne mit 2 Esslöffeln des heißen Öls karamellisieren lassen, dabei nicht umrühren. Die Pfanne vom Herd nehmen. Nacheinander die Fleischbällchen zuerst im Zuckerkaramell und dann in den Sesamsamen wenden.

Zubereitungszeit: 30 Minuten (plus Frittierzeit)
Pro Portion ca. 695 kcal/2919 kJ · 27 g E · 50 g F · 37 g KH

Andalusische Burger mit Paprikaaioli

für 4 Portionen

1,5 kg Rinderhack
Salz
Pfeffer
2 El Rapsöl
8 Sesamburgerbrötchen
8 Scheiben Serranoschinken
8 Scheiben Manchego (alternativ: Gouda oder Cheddarkäse)
Paprikaaioli:
2 Knoblauchzehen
2 rote Pfefferschoten
75 g Mayonnaise
2 Tl Paprikapulver

Das Fleisch mit Salz und Pfeffer würzen, zu 8 dünnen Fladen formen, fest zusammendrücken und mit dem Öl einstreichen. Auf dem heißen Grill 5 Minuten grillen. Die Burger wenden und von der anderen Seite 5 Minuten grillen.

Für das Aioli die Knoblauchzehen schälen und hacken. Die Pfefferschoten putzen, entkernen und hacken. Mit der Mayonnaise in einen Mixer geben und cremig rühren. Mit Paprikapulver und Salz würzen.

Die Brötchen aufschneiden, beide Seiten mit Aioli bestreichen. 1 Scheibe Schinken und Käse, einen Burger und wieder eine Scheibe Käse und Schinken darauflegen. Die zweite Hälfte darauf setzen.

Zubereitungszeit: ca. 15 Minuten (plus Grillzeit)
Pro Portion ca. 1220 kcal/5124 kJ · 90 g E · 74 g F · 49 g KH

Putenburger mit Zwiebel-Relish

für 4 Portionen

- 2 Gemüsezwiebeln
- 4 El Olivenöl
- Salz, Pfeffer
- 3 El Balsamessig
- 1 Tl Senf
- 1 El frisch gehackter Thymian
- 50 ml kalt gepresstes Olivenöl
- 1,25 kg Putenfleisch
- 4 Scheiben Vollkornbrot
- 8 Scheiben Gruyère

Für das Relish die Zwiebeln mit der Schale in Viertel schneiden und mit 2 El Olivenöl einstreichen. Mit Salz und Pfeffer würzen. Die Zwiebeln auf dem heißen Grill gar grillen. Vom Grill nehmen, schälen und fein hacken. Essig, Senf und Thymian mischen und mit Salz und Pfeffer abschmecken. Das kalt gepresste Olivenöl zugeben und die Mischung cremig rühren. Zuletzt die Zwiebeln unterheben.

Das Putenfleisch waschen, trockentupfen und durch den Fleischwolf drehen. Aus dem Fleisch 4 Burger formen, mit 2 El Olivenöl bestreichen und mit Salz und Pfeffer würzen. Auf dem heißen Grill von jeder Seite 4 bis 6 Minuten grillen, bis das Fleisch durch ist.

4 Scheiben Vollkornbrot mit je 1 Scheibe Käse und etwas Zwiebelrelish belegen. Darauf je 1 Putenburger setzen und mit einer Scheibe Käse bedecken. Erneut auf den Grill legen und den Käse schmelzen lassen.

Die Putenburger mit frischem Blattsalat und nach Bedarf mit Ketchup servieren.

Zubereitungszeit: ca. 20 Minuten (plus Grillzeit)
Pro Portion ca. 865 kcal/3633 kJ · 73 g E · 55 g F · 19 g KH

Cevapcici mit Ajvar

für 4 Portionen

1 Zwiebel
2 Knoblauchzehen
200 g Lammhack
200 g Rinderhack
3 El Rotwein
Salz, Pfeffer
1 El Paprikapulver
1 El frisch gehackten Thymian
2 El Rapsöl

Ajvar:
3 rote Paprikaschoten
1 Aubergine
1 Zwiebel
1 Knoblauchzehe
1 rote Chilischote
2 El Olivenöl
1 El Zitronensaft
Salz
Pfeffer

Zwiebel und Knoblauchzehen schälen und fein hacken. Mit den beiden Hacksorten und dem Rotwein mischen. Mit Salz, Pfeffer, Paprikapulver und Thymian würzen und zu einem glatten Teig verarbeiten. Aus dem Teig mit feuchten Händen etwa 15 kleine Hackrollen formen, mit Öl bestreichen und auf dem heißen Grill knusprig braun grillen, bis die Röllchen gut durchgegart sind.

Für das Ajvar den Backofen auf 250 °C (Umluft 220 °C) vorheizen. Paprikaschoten und Aubergine waschen, trocknen und im Ofen backen, bis die Haut Blasen wirft und sich verfärbt. Herausnehmen und in einem Plastikbeutel abkühlen lassen. Dann beide schälen und fein würfeln, die Paprikaschote dabei entkernen. Zwiebel und Knoblauch schälen und fein hacken. Die Chili putzen, waschen, entkernen und ebenfalls hacken. Alle Zutaten miteinander mischen und pikant abschmecken. Ajvar zu den Cevapcici reichen.

Zubereitungszeit: ca. 30 Minuten (plus Back- und Grillzeit)
Pro Portion ca. 275 kcal/1155 kJ · 27 g E · 14 g F · 8 g KH

Apfel-Hack-Spieße

für 4 Portionen

- 500 g gemischtes Hackfleisch
- 1 Zwiebel
- 2 Eier
- 4 El Rosinen
- Salz
- Pfeffer
- 1 El Paprikapulver
- 1 El frisch gehackte Petersilie
- 200 g durchwachsener Speck
- 3 Äpfel
- Saft von 1 Zitrone
- 50 g Butter
- 1 Tl Zucker
- 1 Tl Sojasauce

Das Hackfleisch in eine Schüssel geben. Die Zwiebel schälen und fein hacken. Mit den Eiern und Rosinen zum Fleisch geben und mit Salz, Pfeffer, Paprikapulver und Petersilie abschmecken. Aus der Masse Bällchen formen.

Den Speck in mundgerechte Stücke schneiden. Die Äpfel waschen, trocken tupfen, vierteln und entkernen. Mit etwas von dem Zitronensaft beträufeln.

Abwechselnd Hackbällchen mit Apfelspalten und Speck auf Spieße stecken. Auf dem heißen Grill etwa 6–7 Minuten von jeder Seite garen, bis die Hackbällchen gut durchgegrillt sind.

Die Butter schmelzen, Zucker, restlichen Zitronensaft und Sojasauce zugeben und gut verrühren. Die Apfelspieße während des Grillens mit der Sauce bestreichen. Die Spieße mit der restlichen Sauce servieren.

Zubereitungszeit: ca. 20 Minuten (plus Koch- und Grillzeit)
Pro Portion ca. 583 kcal/2447 kJ · 37 g E · 40 g F · 19 g KH

Rinderdonuts mit Ananas

für 4 Portionen

- 1 altbackenes Brötchen
- 500 g Rinderhackfleisch
- 1 Ei
- 2 Frühlingszwiebeln
- ½ Bund glatte Petersilie
- 1 Knoblauchzehe
- 1 rote Chilischote
- 2 Tl abgeriebene Schale von 1 unbehandelten Zitrone
- Salz
- Pfeffer
- 2 Tl Tomatenketchup
- etwas Worcestersauce
- 8 Scheiben frische, süße Ananas
- Rapsöl zum Bestreichen

Das Brötchen in kaltem Wasser einweichen und ausdrücken. Das Fleisch in eine Schüssel geben. Eingeweichte Brötchen und Ei untermengen.

Die Frühlingszwiebeln waschen, trocknen und in sehr feine Ringe schneiden. Die Petersilie waschen, trocken schütteln und die Blätter sehr fein hacken. Knoblauchzehe schälen und durch die Presse drücken. Die Chilischote halbieren und die Kerne entfernen. Innen und außen waschen, trocknen und fein hacken. Alles zusammen mit der Zitronenschale, Salz, Pfeffer, Ketchup und Worcestersauce zum Fleisch geben und gründlich vermengen.

Die Schale und die Augen der Ananasscheiben entfernen, den harten Mittelteil herausschneiden. Jede Scheibe mit dem Fleischteig umhüllen, das Loch in der Mitte frei lassen. Einen Grillrost mit Alufolie belegen, die Donuts mit etwas Öl bestreichen und von jeder Seite 6–8 Minuten grillen.

Zubereitungszeit: 25 Minuten (plus Grillzeit)

Gehackt gemischt

Hackbraten mit Speck

für 4 Portionen

- 1 Zwiebel
- 2 Knoblauchzehen
- 100 g Spinat
- 1 El Öl
- 5 El Ketchup
- 2 El Senf
- 6 El brauner Zucker
- 1 kg Rinderhack
- 75 g Haferflocken
- 4 Eier
- Salz, Pfeffer
- 8 Scheiben geräucherter Speck
- Fett für die Form

Die Zwiebel und die Knoblauchzehen schälen und fein hacken. Den Spinat verlesen, putzen und waschen. In einem Topf unter Rühren zusammenfallen lassen. Aus dem Topf nehmen, abtropfen lassen und hacken.

Das Öl in einer Pfanne erhitzen und die Zwiebeln mit dem Knoblauch darin glasig dünsten. In eine Schüssel geben und abkühlen lassen. Backofen auf 200 °C (Umluft 180 °C) vorheizen.

Die Zwiebelmischung mit Ketchup, Senf und Zucker verrühren und alles mit dem Hackfleisch, Haferflocken, Eiern und Spinat zu einem Fleischteig verarbeiten. Mit Salz und Pfeffer würzen.

Den Fleischteig in eine gefettete Kastenform füllen, die Speckscheiben darüber legen. Den Braten mit Alufolie abdecken und im Ofen etwa 45 Minuten backen. 15 Minuten vor Ende der Garzeit die Alufolie entfernen und den Hackbraten knusprig braun werden lassen. Vor dem Servieren kurz abkühlen lassen.

Zubereitungszeit 20 Minuten (plus Schmor- und Bratzeit)
Pro Portion ca. 783 kcal/3287 kJ · 63 g E · 47 g F · 29 g KH

Chili con carne

für 4 Portionen

1 Zwiebel
2 Knoblauchzehen
4 grüne Chilischoten
2 El Öl
500 g Rinderhack
1 El Mehl
800 g geschälte Tomaten (Dose)
100 ml Fleischbrühe
Salz
450 g Kidneybohnen (Dose)
gemahlener Koriander
gemahlener Kreuzkümmel
Pfeffer

Die Zwiebel und den Knoblauch schälen und fein hacken. Die Chilischoten putzen, waschen, von Kernen befreien und hacken.

In einem großen Topf das Öl erhitzen und das Hackfleisch, die Zwiebel und den Knoblauch darin etwa 10 Minuten gut anbraten. Das Mehl darüber stäuben und unterrühren.

Die Tomaten mit den Chilischoten und der Brühe hinzugeben und salzen. Die Mischung etwa 1 Stunde bei geringer Temperatur schmoren. 10 Minuten vor Ende der Garzeit die Bohnen miterhitzen. Mit Koriander, Kreuzkümmel, Salz und Pfeffer abschmecken.

Zubereitungszeit 25 Minuten (plus Schmor- und Garzeit)
Pro Portion ca. 625 kcal/2625 kJ · 54 g E · 23 g F · 50 g KH

Australische Fleischpastete

für 4 Portionen

- 2 altbackene Brötchen
- 3 Zwiebeln
- 1 Knoblauchzehe
- 500 g gemischtes Hackfleisch
- 250 g Mett, 1 Ei
- 1 El frisch gehackte Petersilie
- 1 Tl Currypulver
- 125 ml Milch
- Salz, Pfeffer
- 2 El Butter
- 125 ml Fleischbrühe
- 2 El Tomatenmark
- 2 Tl Zitronensaft
- 1 El Worcestersauce
- ½ El Instant-Kaffeepulver
- 2 El Weißweinessig
- 2 El Rotwein
- Fett für die Form

Die Brötchen in warmem Wasser einweichen. Die Zwiebeln und die Knoblauchzehe schälen und hacken. Die beiden Fleischsorten mit einem Drittel der Zwiebelmasse, dem Knoblauch, den ausgedrückten Brötchen, dem Ei, der Petersilie und dem Currypulver in einer Schüssel mischen. Nach und nach so viel Milch zugeben, bis ein fester, glatter Fleischteig entsteht. Den Teig mit Salz und Pfeffer abschmecken.

Den Backofen auf 200 °C (Umluft 180 °C) vorheizen. Den Fleischteig zu einem Laib formen und in eine ofenfeste, gefettete Pieform legen und im Ofen etwa 30 Minuten backen. Die Butter in einem Topf erhitzen und die restlichen Zwiebeln darin glasig dünsten. Die restlichen Zutaten zugeben und aufkochen. Bei reduzierter Temperatur 15 Minuten köcheln.

Nach 30 Minuten Backzeit die Hälfte der Sauce über den Braten gießen und weitere 45 Minuten backen, dabei mehrmals mit der restlichen Sauce übergießen. Den Hackbraten in Scheiben schneiden und mit der Sauce servieren. Dazu grünen Salat reichen.

Zubereitungszeit: ca. 30 Minuten (plus Back- und Kochzeit)
Pro Portion ca. 667 kcal/2801 kJ · 39 g E · 49 g F · 17 g KH

Hackfleischcurry vom Lamm

für 4 Portionen

- 2 Zwiebeln
- 4 Knoblauchzehen
- 4 cm Ingwerwurzel
- 3 El Ghee
- 2 Tl Kreuzkümmelpulver
- 1 El Korianderpulver
- 4 El Joghurt
- 900 g Lammhack
- ½ Tl Kurkumapulver
- ½ Tl Chilipulver
- 250 ml Orangensaft
- 1 El abgeriebene Schale von 1 unbehandelten Orange
- Salz
- 2 grüne Chilischoten
- 1 Tl Garam masala
- ½ Bund Koriander

Die Zwiebeln, den Knoblauch und Ingwer schälen. Die Zwiebeln in Ringe schneiden, Knoblauch und Ingwer fein hacken.

Ghee in einem Bräter erhitzen und die Zwiebeln darin anbräunen. Kreuzkümmel und Koriander zugeben, Ingwer und Knoblauch einrühren und alles 1 Minute schmoren. Nach und nach den Joghurt zugeben und glatt rühren. Hackfleisch, Kurkuma- und Chilipulver zugeben und 5 Minuten kräftig anbraten. Orangensaft und -schale einrühren und mit 1 Tl Salz abschmecken. Das Hackfleisch bei geschlossenem Deckel und niedriger Temperatur etwa 35 Minuten köcheln.

Die Chilischoten putzen, entkernen und in dünne Ringe schneiden. Mit Garam masala unter das Hackfleisch rühren.

Koriander waschen, trockenschütteln und hacken. Vor dem Servieren unter das Gericht rühren.

Zubereitungszeit: ca. 25 Minuten (plus Schmor- und Garzeit)
Pro Portion ca. 645 kcal/2699 kJ · 42 g E · 49 g F · 9 g KH

Gefüllter Spießbraten

3 Zwiebeln
1 Bund Petersilie
5 El Olivenöl
1 Tl getrockneter Majoran
250 g Schweinemett
Salz, Pfeffer
1 Tl abgeriebene Schale von 1 unbehandelten Zitrone
1 El Kapern aus dem Glas
2,5 kg Schweinerollbraten ohne Knochen
3 El Olivenpaste

für 6 bis 8 Portionen

Die Zwiebeln schälen und fein würfeln. Die Petersilie waschen, trocken schütteln und hacken. Das Öl erhitzen und die Zwiebeln darin glasig schmoren. Petersilie und Majoran zugeben und 2 Minuten mitschmoren. Die Mischung abkühlen lassen.

Das Mett mit der Zwiebelmischung, den Gewürzen und der Zitronenschale mischen. Die abgetropften Kapern hacken und unterheben.

Den Rollbraten auslegen, mit Salz und Pfeffer würzen und mit Olivenpaste bestreichen. Die Füllung daraufgeben und den Braten zusammenrollen. Mit Küchengarn festbinden. Auf einen Grillspieß (am besten ein Drehspieß) stecken und auf dem heißen Grill etwa 2 Stunden 30 Minuten unter mehrmaligem Wenden grillen. Während des Grillens mit dem restlichen Öl bestreichen. Nach dem Grillen den Braten 10 Minuten ruhen lassen und in Scheiben schneiden. Mit einem Dip nach Wahl servieren.

Zubereitungszeit: ca. 30 Minuten (plus Schmor- und Grillzeit)
Pro Portion ca. 688 kcal/2888 kJ · 70 g E · 44 g F · 3 g KH

Curry mit Hühnerfleischbällchen

für 4 Portionen

2 El Quark
2 El Tomatenmark
2 Tl Kurkuma
1 Tl Garam masala
1 Tl Kreuzkümmelpulver
Salz, 1 Tl Cayennepfeffer
500 g Hühnerfleisch
4 Knoblauchzehen
1 Ei, 3 El Tapiokamehl
20 ungeschälte Mandeln
5 Zwiebeln
5 cm Ingwerwurzel
500 g Tomaten, 3 El Öl
1 Zimtstange
4 grüne Kardamomkapseln
2 Lorbeerblätter
500 g Joghurt
2 grüne Chilischoten

Den Quark mit Tomatenmark, 1 Tl Kurkuma, Garam masala, Kreuzkümmel, 1 Tl Salz und Cayennepfeffer mischen. Das Hühnchenfleisch waschen, trockentupfen und durch den Fleischwolf drehen. Die Knoblauchzehen schälen und hacken. Das Hackfleisch mit der Hälfte des Knoblauchs, dem Ei, Mehl und dem Würzquark zu einem glatten Teig verarbeiten. Aus dem Fleischteig mit angefeuchteten Händen etwa 20 Bällchen formen und jedes mit einer Mandel füllen. Die Zwiebeln und Ingwerwurzel schälen und fein hacken. Die Tomaten waschen, vom Stielansatz befreien und fein würfeln.Das Öl in einem breiten Topf erhitzen und die Zwiebeln darin etwa 10 Minuten anbräunen. Zimt, Kardamomkapseln und Lorbeerblätter zugeben und 3 Minuten mitschmoren. Tomaten, restlichen Knoblauch, Ingwer, Koriander und restlichen Kurkuma hinzufügen und den Joghurt sowie 100 ml Wasser einrühren. Die Mischung abgedeckt etwa 10 Minuten köcheln. Die Fleischbällchen in die Sauce geben, gut damit bedecken und etwa 20 Minuten köcheln. Die Sauce dabei cremig einkochen. Die großen Gewürze aus der Sauce nehmen. Die Chilischoten putzen, waschen, entkernen und in dünne Ringe schneiden. Das Hackbällchencurry mit Chiliringen bestreut servieren.

Zubereitungszeit: ca. 35 Minuten (plus Schmor- und Garzeit)
Pro Portion ca. 518 kcal/1884 kJ · 39 g E · 30 g F · 20 g KH

Gefüllte Lammbrust

für 4 Portionen

1 Lammbrust ohne Knochen
400 g Kalbsleber
1 Zwiebel
1 Bund glatte Petersilie
400 g Hackfleisch
100 g Paniermehl
Salz
Pfeffer
1 Tl Paprikapulver
1 Tl Majoran
3 El Öl
600 g kleine Kartoffeln
2 Knoblauchzehen
2 Rosmarinzweige
200 ml Lammbrühe

Die Lammbrust waschen, trockentupfen und eine Tasche hineinschneiden. Die Kalbsleber waschen, Häute und Sehnen entfernen, trockentupfen und fein hacken. Die Zwiebel schälen und hacken. Die Petersilie waschen, trocken tupfen und hacken.

Hackfleisch mit Kalbsleber, Zwiebel, Petersilie, Paniermehl, Salz, Pfeffer, Paprikapulver und dem Majoran mischen, die Lammbrust damit füllen und mit Küchengarn verschließen. Von außen mit Salz und Pfeffer einreiben. Den Backofen auf 180 °C (Umluft 160 °C) vorheizen.

In einem Bräter das Öl erhitzen und die Lammbrust von allen Seiten darin anbraten. Im Ofen etwa 1 Stunde 30 Minuten schmoren. Die Kartoffeln waschen und halbieren. Die Knoblauchzehen schälen. Nach 1 Stunde Garzeit die Kartoffeln, die Knoblauchzehen, die Rosmarinnadeln und die Lammbrühe angießen und weiterschmoren.

Zubereitungszeit: ca. 30 Minuten
(plus Brat- und Schmorzeit)
Pro Portion ca. 962 kcal/4040 kJ · 115 g E · 34 g F · 45 g KH

Badischer Spargeleintopf

für 4 Portionen

- 500 g weißer Spargel
- 500 g Kartoffeln
- 1 altbackenes Brötchen
- 30 g Butter oder Margarine
- Salz
- 1 Prise Zucker
- 300 g gemischtes Hackfleisch
- 1 Ei
- 300 g TK-Erbsen
- 125 g Sahne
- 2 Eigelb
- ½ Bund in Streifen geschnittene glatte Petersilie

Spargel schälen und in Stücke schneiden. Die Schalen in 500 ml Wasser 15 Minuten köcheln. Kartoffeln schälen, waschen und würfeln. Brötchen einweichen. Butter in einem Topf zerlassen und Spargel sowie Kartoffeln darin unter Rühren andünsten.

Spargelwasser durch ein feines Sieb dazugießen. Mit Salz und Zucker würzen und 10 Minuten garen. Hackfleisch mit Ei und ausgedrücktem Brötchen mischen und würzen. Mit den Händen kleine Klößchen formen und in die Suppe geben. Weitere 10 Minuten garen. Dann die Erbsen unaufgetaut dazugeben und nochmals 10 Minuten garen. Sahne mit Eigelb verrühren und den Eintopf damit legieren. Mit Petersilie garniert servieren.

Zubereitungszeit. ca. 40 Minuten (plus Garzeit)
Pro Portion ca. 430 kcal/1806 kJ · 17 g E · 22 g F · 41 g KH

Pasta

Spaghetti alla Bolognese

für 4 Portionen

1 Zwiebel
1 Knoblauchzehe
1 Möhre
50 g Bauchspeck
100 g Hühnerleber
2 El Olivenöl
250 g gemischtes Hackfleisch
125 ml trockener Weißwein
125 ml Fleischbrühe
400 g Tomaten (aus der Dose)
Salz, Pfeffer
1/4 Tl getrockneter Oregano
1/4 Tl getrockneter Thymian
400 g Spaghetti
50 g frisch geriebener Parmesan

Die Zwiebel und den Knoblauch schälen und fein hacken. Möhre schälen und wie den Speck würfeln. Die Leber klein schneiden.

Das Olivenöl in einer Pfanne erhitzen und Zwiebel sowie Knoblauch und Speck darin anbraten. Das Hackfleisch und die Leber zugeben und 5–6 Minuten kräftig mitschmoren.

Den Wein und die Brühe in die Pfanne gießen und etwas einkochen lassen. Die Tomaten in einem Sieb abtropfen lassen. Tomaten zum Fleisch geben und gut unterrühren. Mit Salz, Pfeffer und den getrockneten Kräutern würzen und alles etwa 45 Minuten bei mittlerer Temperatur köcheln lassen.

Inzwischen die Spaghetti in reichlich kochendem Salzwasser bissfest garen. Die Spaghetti mit der Fleischsauce auf Tellern anrichten und mit Parmesan servieren.

Zubereitungszeit 20 Minuten (plus Schmor- und Garzeit)
Pro Portion ca. 847 kcal/3560 kJ · 15 g E · 38 g F · 79 g KH

Ravioli di carne

für 4 Portionen

400 g Mehl
4 Eier
Salz
3 El Olivenöl
1 Zwiebel
1 Knoblauchzehe
1 El Rosmarinnadeln
300 g Rinderhackfleisch
1 Lorbeerblatt
½ Tl Majoran
½ Tl Oregano
100 ml trockener Weißwein
500 g Spinat
4 Eier
50 g Paniermehl
2 El frisch geriebener Parmesan
Salz, Pfeffer, Muskatnuss
100 g Butter
2 El frische Salbeiblätter

Mehl in eine Schüssel sieben und in die Mitte eine Mulde drücken. Eier und ½ Tl Salz hineingeben und alles von außen nach innen verrühren. 1 El Öl zugeben und die Masse mit den Händen mind. 5 Minuten kneten, bis ein glatter Teig entstanden ist. In Folie wickeln und 30 Minuten ruhen lassen. Zwiebel und Knoblauch schälen und hacken, Rosmarin ebenfalls ganz fein hacken. Öl in einer Pfanne erhitzen, Zwiebel, Knoblauch und Rosmarin darin andünsten, dann Hackfleisch zugeben und unter Rühren 5 Minuten schmoren. Restliche Kräuter und Wein zugeben und die Mischung 10 Minuten köcheln lassen. Spinat verlesen, waschen und in einem Topf bei mittlerer Temperatur zusammenfallen lassen. Dann in einem Sieb abtropfen lassen und gut ausdrücken. Spinat fein hacken und zum Hackfleisch geben. Masse pürieren und mit Eiern, Paniermehl und Parmesan mischen. Mit Salz, Pfeffer und Muskat abschmecken. Teig auf einer bemehlten Arbeitsfläche zu zwei dünnen Platten ausrollen. Im Abstand von 3 cm auf eine Platte Häufchen der Füllung setzen und die zweite Platte darüber legen. Die Ränder festdrücken. Nun Teigplatten zwischen der Füllung in breite Streifen schneiden. Mit einem Teigrädchen Ravioli ausschneiden. Ravioli in kochendem Salzwasser etwa 4 Minuten ziehen lassen, anschließend herausnehmen. Butter in einer Pfanne zerlassen. Gewaschene Salbeiblätter in feine Streifen schneiden und in der Butter erhitzen. Ravioli mit Salbeibutter und mit Parmesan servieren.

Zubereitungszeit 40 Minuten (plus Garzeit)
Pro Portion ca. 868 kcal/3644 kJ · 45 g E · 37 g F · 85 g KH

Lasagne

für 4 Portionen

- 1 Zwiebel
- 1 Knoblauchzehe
- 1 Möhre
- 50 g Bauchspeck
- 100 g Hühnerleber
- 2 El Olivenöl
- 250 g Hackfleisch
- 125 ml Weißwein
- 125 ml Fleischbrühe
- 400 g Tomaten (aus der Dose)
- Salz, Pfeffer
- ¼ Tl getrockneter Oregano
- ¼ Tl getrockneter Thymian
- 90 g Butter
- 3 El Mehl
- 400 ml Milch
- 400 g Lasagneblätter ohne Vorkochen
- 100 g frisch geriebener Parmesan

Zwiebel und Knoblauch schälen und fein hacken. Möhre schälen und wie den Speck würfeln. Die Leber klein schneiden. Das Olivenöl in einer Pfanne erhitzen und Zwiebel sowie Knoblauch und Speck darin abraten. Das Hackfleisch und die Leber zugeben und 5–6 Minuten kräftig mitschmoren. Den Wein und die Brühe in die Pfanne gießen und etwas kochen lassen. Die Tomaten in einem Sieb abtropfen lassen. Tomaten zum Fleisch geben und gut umrühren. Mit Salz, Pfeffer und den getrockneten Kräutern würzen und alles etwa 45 Minuten bei mittlerer Temperatur köcheln lassen. Für die Bechamelsauce 4 El Butter in einem Topf schmelzen und mit dem Mehl unter Rühren eine Mehlschwitze herstellen. Die Milch zugießen, den Topf vom Herd nehmen und so lange rühren, bis eine klümpchenfreie Sauce entstanden ist. Topf zurück auf den Herd stellen und die Sauce etwa 10 Minuten köcheln. Mit Salz und Pfeffer abschmecken. Backofen auf 200 °C (Umluft 180 °C) vorheizen. Eine feuerfeste Auflaufform mit 1 El Butter fetten und den Boden mit Lasagneblättern belegen. Nun abwechselnd Fleischsauce, Bechamelsauce und Parmesan darauf schichten. Mit Lasagneblättern abdecken und den Vorgang wiederholen, bis alle Zutaten aufgebraucht sind. Zum Schluss Bechamelsauce und Parmesan darauf geben. Restliche Butter in Flöckchen auf die Lasagne geben und diese im Ofen etwa 35 Minuten backen.

Zubereitungszeit 40 Minuten (plus Backzeit)
Pro Portion ca. 507 kcal/2131 kJ · 19 g E · 38 g F · 21 g KH

Fleischnudeln

für 4 Portionen

- 500 g Mehl
- 1 Ei
- 1 El Öl
- Salz
- Mehl für die Arbeitsfläche
- 1 Zwiebel
- 1 Lauchstange
- 1 El Olivenöl
- 500 g gemischtes Hackfleisch
- 50 g Paniermehl
- 1 Eiweiß
- Salz
- Pfeffer

Mehl, Ei, Öl und etwas Wasser zu einem festen Teig verarbeiten und salzen. Den Teig etwa 1 Stunde ruhen lassen.

Die Zwiebel schälen und hacken. Den Lauch gründlich putzen, waschen, abtropfen lassen und den hellen Teil in dünne Ringe schneiden.

Das Öl in einer Pfanne erhitzen und die Zwiebel sowie den Lauch darin gut anschmoren. Das Hackfleisch mit der Pfannenmischung verrühren. Paniermehl und Eiweiß zugeben und würzen.

Den Teig auf einer bemehlten Arbeitsfläche dünn ausrollen, zu einer Rolle formen und daraus dünne Scheiben abschneiden. Die Scheiben in der Handfläche flach drücken, jeweils etwas Füllung daraufgeben und den Teig halbkreisförmig zu Taschen zusammenlegen. Die Ränder gut festdrücken und mit einer Gabel Zacken hineindrücken.

Die Fleischnudeln in kochendem Salzwasser etwa 15 Minuten garen. Mit zerlassenem Speck servieren.

Zubereitungszeit: ca. 30 Minuten
(plus Ruhe-, Schmor- und Garzeit)
Pro Portion ca. 862 kcal/3620 kJ · 40 g E · 32 g F · 100 g KH

Register

Adana Kebab (Lamm) 18
Apfel-Hack-Spieße 96
Blätterteig, Gefüllter 8
Börek mit Hackfleisch 40
Bohneneintopf mit Hirschfleisch, Scharfer 68
Burger mit Paprika aioli, Andalusische 90
Cevapcici mit Ajvar 94
Chili con carne 104
Curry mit Hühnerfleischbällchen 112
Elchkeule, Gefüllte 52
Fleischbällchen im Auberginenmantel 16
Fleischbällchen im Sesammantel 88
Fleischbrühe mit Wildschweinklößen 56
Fleischküchle mit Kartoffelsalat 84
Fleischlaibchen 82
Fleischnudeln 126
Fleischpastete, Australische 106
Fleischpasteten vom Lamm 10
Frauenschenkel-Köfte vom Lamm 80
Hackbällchen in Zitronen-Weinsauce 78
Hackbraten mit Speck 102
Hackfleischcurry vom Lamm 108
Hamburger 76
Hirsch-Chili 54
Kap-malaiischer Bobotie 32
Klopse, Königsberger 86
Köfte (Lammröllchen) 14
Lammbrust, Gefüllte 114
Lamm mit Kürbis 34
Lammröllchen mit Kardamom 20
Landpastete 22
Lasagne 124
Moussaka 46
Paprika, Gefüllte 44
Polenta, Überbackene 42
Piroggen, Russische 26
Pizza, Türkische 12
Putenburger mit Zwiebel-Relish 92
Quitten, Gefüllte 38
Ravioli di carne 122
Ravioli mit Wildfleischfüllung 70
Rinderdonuts mit Ananas 98
Spaghetti alla Bolognese 120
Spargeleintopf, Badischer 116
Spargel Pasteten mit Hackfleisch 48
Spießbraten, Gefüllter 110
Tatar 28
Teigtaschen mit Lamm und Ei 24
Wildfrikadellen mit Speck 58
Wildhackfleisch in Blätterteig 72
Wildhacktorte 64
Wildklößchensuppe mit Brennnesseln 66
Wildschweinklöße 62
Wildschweinpastete 60
Zucchini, Gefüllte 36